LA CLARIDAD VELADA

ExLibric

SERAFÍN MAZA CANTO

LA CLARIDAD VELADA

EXLIBRIC

ANTEQUERA 2019

SERAFÍN MAZA CANTO

LA CLARIDAD VELADA

*A mis nietos Valentina, Juan y Ana,
que vinieron a poner luz en el camino.*

Índice

Prólogo 13

PERDERME EN UN POEMA.............................. 19
ELLA ESTÁ EN EL ESTANQUE..................... 21
HEMOS LLEGADO LEJOS 22
ETERNAMENTE HONESTO............................ 25
¿PARA QUÉ HUIR?.. 26
ATRÁS QUEDARON COSAS............................ 29
HABITANDO LA LLUVIA 32
MIENTRAS TÚ QUIERAS, ESPEJO.............. 33
EL BESO CON QUE SUEÑO............................ 35
VOLVER JUNTO A LAS FLORES 37
PRELUDIO DE SEPTIEMBRE......................... 39
FIN DE ETAPA... 40
DA CAPO A FINE 43
AQUÍ ESTOY DE MENTOR.............................. 46
TERCERA EDAD... 48
TÚ HAS DE VENIR UN DÍA............................ 49
EVOCACIÓN 51
PASEO AL ATARDECER 52
DESPERTARÉ MIS RECUERDOS 57
INSOMNIO 60
FALSA ILUSIÓN 63
ALEGATO EN PRO DE LA POESÍA 64
UNA ROSA... 66

SOBREVIVIR A LA MUERTE 69
A MI PADRE 71
RESIGNACIÓN 72
ESTARÉ PREPARADO 74
MIEDO 77
A MI MADRE 79
FRUTA DE VERANO 80
CANCIÓN PARA LA NOSTALGIA 82
VUELTA A CASA 85
DEL BESO IMPRESCINDIBLE 87
DEBÍ TRAGARME EL VERBO 88
MEDIOCRIDAD 90
MIS SUEÑOS EN TU SENO 93
EN TODO TE PRESIENTO 95
EN TU JARDÍN ME PARO 98
DESORIENTADO 99
DUDAS Y PLEGARIAS 101

PRÓLOGO

Decía Ezra Pound con su habitual sarcasmo doliente, con su proverbial aflicción irónica: *«Déjese de hacer versos, amiguito; con eso no se saca nada»*. O sea, que, ya de entrada, todo poeta se encuentra con una cuestión peliaguda: ¿Para qué escribir?

Gabriel García Márquez dejó dicho que él escribía para que lo quisiesen más sus amigos. Y aquí cabe preguntarse si la poesía tiene una función terapéutica para quien la escribe; si supone, de alguna manera, una cierta catarsis para su autor.

Y pienso que ese es el caso del poeta que hoy se presenta con su ópera prima al público lector. Porque Serafín Maza Canto —lo irán comprobando sus lectores, a medida que se vayan adentrando en su obra— es un poeta que escribe para sí mismo, acaso para conocerse, acaso para redimirse de sus cuitas.

La claridad velada es un libro sesudo y enjundioso, un libro que, como el oxímoron de su título indica, compendia fielmente el íntimo, conturbado universo de su creador.

Sus poemas poseen un eco juanramoniano, donde planea todo el tiempo una estela de tristeza y de nostalgia, de pesadumbre y melancolía, tal si el poeta anduviese inmerso, a cada poco, en el jardín umbrío de Juan Ramón, en el vergel de la pena que muestran sus versos.

Nuestro estrenado poeta ha reunido el valor suficiente para dar a conocer su obra en letra impresa, sabiendo, como sabe, que la obra hecha pública deja de pertenecer al autor desde el momento en que la tinta, aún fresca de la imprenta, se orea, inexorablemente, en los tendederos de quienes se aventuran a adentrarse en las páginas del libro. Y, como quiera que el público es soberano, opiniones habrá tantas como lectores y lectoras tenga la obra.

Si hay algo que destaque en la concepción que de la poesía manifiesta este poeta, es su búsqueda constante de la excelencia. A él no le basta con que un poema sea aseado; busca algo más, es una cuestión de principios. Ahí está para corroborarlo su poema *Mediocridad*, poema de corte reflexivo, que es un anatema contra la pasividad, contra la incuria, contra la rutina y el conformismo. Quizá sin saberlo, se estaba haciendo eco de las palabras del humanista Andrés Bello, cuando afirma que «*no se tolera la mediocridad en los poetas*».

En lo formal, Serafín no se adscribe a ninguna corriente poética. Huye, eso sí, de la rima: con la excepción de *Habitando la lluvia*, soneto clásico en endecasílabos, con rima consonante, y de *Resignación*, una silva compuesta en estrofas de cuatro versos con rima asonante en los pares. El resto de poemas del libro no poseen rima alguna.

A Serafín le gusta la métrica clásica, y se ha suscrito, de momento, al heptasílabo, al endecasílabo y al alejandrino, tan caro para él. Es decir, que, aun obviando la rima, utiliza en sus composiciones el verso blanco, consciente del ritmo y la musicalidad que aporta la métrica a la eufonía del poema.

Aquí convendría apuntar que este autor ha ejercido hasta hace bien poco el magisterio, y que posee amplios conocimientos musicales. Véanse, como ejemplos, los poemas que llevan por título *Da capo a fine* y *En tu jardín me paro*, este último dedicado a Chopin.

En cuanto a la estructura estrófica, el poeta se encuentra cómodo en la silva y el soneto, especialmente resuelto en alejandrinos, del que encontramos abundantes muestras en el libro.

Pero la cuestión medular del poemario no es su presentación externa, el envoltorio, más o menos atractivo, de la forma, sino el contenido de lo que nos cuenta. Y aquí es donde encontramos una de las singularidades del poeta: su intimismo.

En la obra de Serafín no encontraremos poemas amorosos al estilo de Pedro Salinas o de Vicente Aleixandre, ni poemas de corte social, entendiendo este término en su más vasta extensión. El amor en este autor, cuando aparece, casi siempre es cuitado y sus versos son deudores de la pena, cuando no de la amargura, aunque ya se sabe que el amor y el desamor son dos caras de una misma moneda, que los polos opuestos se atraen entre sí, etcétera.

Y es que el autor siempre está manteniendo un diálogo consigo mismo, un desolado soliloquio del que trata de extraer certezas como puños, claridades que, las más de las veces, emergen veladas de su corazón afligido.

Es por eso que sus temas recurrentes son la infancia perdida, la muerte temprana de la madre, el paso del tiempo y la presencia presentida de la muerte, los hijos como dagas herrumbrosas a la vez que lucernas encendidas, los sueños y los anhelos, el desdoblamiento del yo, la vida sin sentido y, sobre todo, el dolor, ese pájaro del alba que ensombrece sus vigilias.

Consciente de la carga emocional que contienen sus versos y, dueño ya del oficio de escritor, de los recursos de sus arcanos, recurre, casi en toda su obra, al lenguaje críptico, al hermetismo, a la elipsis. Porque el poeta, en ese diálogo permanente que mantiene con su yo más íntimo, necesita confesarse, necesita desnudarse sin desnudarse, mostrarse a sí mismo su alma desnuda sin quitarse los ropajes del pudor. Es por eso que recurre continuamente a figuras e imágenes que, sólo para él, tienen sentido. De ahí que, después de una lectura pausada de alguno de sus poemas más herméticos, nos preguntemos, absortos: ¿qué ha querido decirnos? Y ahí radica la gracia del poema, o, si se quiere, el misterio de la poesía.

En el primer poema del libro, al que titula *Perderme en un poema*, el autor nos alerta de sus intenciones, a la vez que del riesgo, del peligro que entraña adentrarse en un camino que ni él mismo sabe a dónde le conducirá.

Sin embargo, no todo en la poesía de este autor es opacidad y ocultamiento, también hay poemas de enorme claridad, como el titulado *Atrás quedaron cosas*, dedicado a su abuela, hermosa remembranza de un retazo de su infancia, o el poema, quizás el más conmovedor del poemario, por su lirismo, titulado *En todo te presiento*, y que es un homenaje a su madre, cuya ausencia temprana ha marcado, con rejones de dolor, la existencia del poeta.

Dejaba dicho Jean Cocteau que «*cantamos para darnos valor en la oscuridad*», lo que, extrapolado a la obra de Serafín, vendría a significar: escribo para sentirme alguien, para saber quién soy.

Para un escritor que ha creído presentir en algún momento las babas del diablo, o, acaso, la luz redentora del dios en el que cree (léase el último poema del libro, *Dudas y plegarias*, que da testimonio de su fe de creyente), abandonar este mundo sin un propósito, sin dejar un legado a los que más quiere, sería un absurdo, de ahí que el poema *Sobrevivir a la muerte* constituya una epifanía y se convierta, al menos para este humilde lector, en el poema cardinal del libro, en la clave que aglutina y acrisola la densidad de su verso, la hondura de su reflexiva y catártica poesía.

Para no resultar tedioso, diré finalmente que sé que Serafín suscribiría sin vacilación los versos minimalistas de Raymond Carver, escritor frecuentado por el poeta y al que hace un guiño en el poema *Estaré preparado.* ¿Acaso hay alguien en este mundo que no esté necesitado de cariño? Feliz aquel, feliz aquella que abandone esta vida pudiendo aseverar con el escritor norteamericano lo que este manifiesta en su poema *Último fragmento:*

> *¿Y conseguiste lo que*
> *querías en esta vida?*
> *Lo conseguí.*
> *¿Y qué querías?*
> *Considerarme amado, sentirme*
> *amado sobre la tierra.*

Así sea.

JUAN DE MOLINA

PERDERME EN UN POEMA

Cuántas veces me pierdo en un poema
y al instante las musas me abandonan…

A menudo no sé
si debo entremeterme entre sus versos,
si es bueno compartir de voluntad
su vida con la mía.

Y entonces me respondo:
la amistad tiene un riesgo
y el brío de un poema es pernicioso,
mas yo lo necesito.

Si soy capaz de amar a cada verso
y no quiero arriesgar por lo que amo,
está mi corazón
sumido en las tinieblas.

El dolor de un poema es algo hermoso
y en mi dolor aspiro a conmoverme,
no hay nada como hurgar entre los sueños
de unos versos que avanzan
por el rastro de lo desconocido.

Perderse en un poema
es febril aventura,

indecisión y riesgo, la esperanza
de hallar el arrebato inapelable,
el intrépido vínculo
que nos lleva al parnaso de los tiempos
o nos rompe de un tajo el corazón.

No sé qué pasará
si me consagro a aquello a lo que adoro,
pero tal vez me arriesgue,
porque un poeta nunca se extravía
cuando pone su alma
en todo lo que debe ser amado,
incluso aunque el peligro,
compañero que habita en su razón,
lo aceche en cada verso.

ELLA ESTÁ EN EL ESTANQUE

Taciturno está el sauce donde mana la fuente
su dolor centenario, lo mismo que nosotros.
En el calmado estanque rompemos con los dedos
la telaraña frágil del sueño adolescente.

Sentimos nuestra piel estremecida, el roce
de las manos, la ilustre presencia de las rosas,
un beso desmedido, los deseos al viento,
la quietud de las hojas, el amor sosegado…

Tu presencia me acerca los recuerdos añejos
y tu halo levita flotando entre nenúfares.
Sutil te desvaneces cuando intento abrazarte

en las aguas tranquilas del estanque dormido.
¡No, no emerjas al alba! ¡No rompas el embrujo!
¡Espérame en las tardes, que yo vendré a buscarte!

HEMOS LLEGADO LEJOS

Aunque a veces se ausente la memoria
y dude de mí mismo
sé que nuestro camino ha sido largo.

Quizás todas las huellas
que marcaron nuestros pasos unidos
se hallaban en el asilo sombrío
del sitio de los sueños,
en el bosque frondoso
de robles y abedules
que no dejó elevar nuestros deseos
más allá de sus copas.

A veces una espina
se clavaba en los pasos indecisos
de nuestro firme rumbo
y en lugar de arrancarla
para huir del dolor
quedaban sus vestigios
en la sangre candente;
tal vez fueran señales del camino
cuya hilera de gotas salpicadas
viniera a revelarnos
la senda del retorno.

Los dedos enlazados a menudo
marcaban la tensión de nuestras dudas
y, de repente, un lazo se rompía.

Mirábamos entonces a los lados,
a las verdes praderas
pletóricas de flores,
y como abejas ávidas
libábamos la vida en un instante.

Después nos parecía que anduviéramos
en opuesto sentido,
con la necesidad
de enterrar cada uno la memoria
por ambos compartida.

Hasta que levantábamos los ojos
el uno para el otro,
y el lazo que flotaba por el aire
nos volvía a amarrar por nuestros hombros,
arrastrando los cuerpos por el sitio
donde habíamos dejado
la penúltima huella.

Mas siempre retomábamos la ruta
por los pasos inciertos del sendero.

Y aunque pienso que el tiempo desdibuja
los años compartidos
lloraré con nobleza y regocijo
las horas de tu honesta compañía
y habitarán conmigo
tus besos y tus gestos de cariño
en el largo y sinuoso camino
que juntos iniciamos hace tiempo.

ETERNAMENTE HONESTO

(A mi madre, que tuvo valor)

Te perdiste en la magia de un amor atrevido
inherente a tu alma. Me trajiste a la vida
a poco de un verano: no quise hacerte daño
al sembrar rosas negras en tu seno impoluto,

ni deshojar sus pétalos y con su néctar ácido
mancillar tu memoria. Te arrebaté la paz
y en tu ser, madre mía, inició mis latidos
el germen imprevisto, mas conseguí nacer

entre rosas doradas para rasgar el odio
y alejar los escarnios, la impureza falsaria
de los que difamaron tu infinita decencia.

Eternamente honesto esparciré mi voz,
para que el mundo sepa del gesto generoso
de haberme protegido en tu alcoba de reina.

¿PARA QUÉ HUIR?

Si en mi sueño intranquilo
te llega mi pesar,
y en mi triste delirio
la voz me delatara…

Si encontraras la grieta
en la pared del tiempo
de una época tibia
de dulces primaveras…

Si te deslumbra el brillo
del sublime fulgor
de los años dorados
del existir ingenuo…

No quieras despertarme,
que no es nada que importe
a tu dolor de cera.

Si ajeno a mis desvelos
simulas un deseo
y pregonas al alba
tu cariño fingido…

Si adulas a tu ego
con tu frágil conciencia

y vives en lo cierto
de un amor de oficina…

Si vinieras a mí
con los brazos abiertos…

No intentes convencerme,
que no hay nada que mate
mi insondable amargura.

Si acudes hasta mí
cubierto de bondades
bajo un aura bruñida
de falsa vanidad…

No malgastes tu tiempo,
ya es tarde para nada.

No deseo decir
jamás que te he perdido,
ni que habitas en mí
como alivio del alma.

Sin embargo la duda,
eterno soliloquio
que se agita en el aire
cual necio interrogante,
endurece mi guardia.

Y entre lágrimas secas,
con el dolor añejo,
me digo taciturno:
¿para qué huir de ti
si estás siempre tan lejos?

ATRÁS QUEDARON COSAS

(A la memoria de mi abuela Ana)

Atrás quedó la casa.
A lo lejos, la oxidada cancela
tallada de recuerdos
que acudía quejosa a saludarnos
con su herrumbre de lustros.

Fuimos dos las imágenes fundidas:
yo niño y tú anciana:
impecable armonía en la vereda,
la memoria de un tiempo
ligado a los almendros.

Atrás quedó la leña en la tahona,
la añoranza del horno y los rescoldos,
la fragancia del trigo,
la vieja y grata esencia que encandila
a los dos caminantes,
el aroma de ayer
eternamente en ascuas.

Atrás quedaron firmes
la higuera y la bodega,
los ladridos de Listo
recorriendo nervioso la pared,

repartiendo arrumacos
al alba y a nosotros,
la libertad sublime
naciendo en la alborada.

Atrás resuena el canto de los gallos,
relojes que separan
la luz de la penumbra
reclamando a la aurora
el dominio del alba
y mostrando el plumaje
a los olivos tiernos
para guiar, con legítimo orgullo,
su serrallo y agradecer al día
su amor desmesurado.

Atrás quedó la viña:
un brote de sarmientos
que puso verdecida mi esperanza,
un bucle de zarcillos
planeó mi niñez
con los brazos ligados,
y los prietos racimos
granaron con la siesta
ya prestos a calmar
la sed de los viajeros.

Atrás quedó la casa
y a lo lejos el sol:

una yema dorada tras los pinos
con sus duros destellos
y una anciana que ampara,
con sus manos a modo de visera,
el suplicio de sus ojos cansados.

La casa quedó sola,
los deseos del niño y la mujer
fundidos a la hora del regreso.

Difícil describir
la triste despedida de la tarde
cuando los pasos cubren
el camino de vuelta.

HABITANDO LA LLUVIA

Como nube que suelta su armonía
concebida en el cielo yo he vertido
la lluvia de mi alma y ha acudido
un diluvio a mis ojos. Pero un día

mi ternura anegada de emociones
vaciará su esplendor en las aceras
de luz pesarosa; las cristaleras
me dejarán mirar los escalones

donde antaño, de niño, yo soñaba
extramuros y el arroyo, colmado
de agua clara, revelará mi sueño,

el secreto borroso que guardaba
en mi alforja. Y ese tiempo ignorado
hará que, de mí mismo, yo sea dueño.

MIENTRAS TÚ QUIERAS, ESPEJO

Si tú quieres me ajustaré a la tregua,
no lo dudes,
pero olvídate ya del don con que te engríes
cuando poso mis ojos
en tu pulida y fría superficie.

Me ajustaré a la tregua complacido,
y gozoso,
si me muestras mi risa sin estrías
y consigues que mis labios florezcan
en tu luna profunda.

Me ajustaré a tus normas sin complejos,
como hacen los hombres,
pero enseña el dibujo
del corazón carmín
que otrora despertase la pasión de mi amada.

Sí,
me ajustaré a la tregua sin reparos,
mas no rompas el pacto que firmemos
porque entonces, de mí, yo no respondo.

Si en tu hielo desnudo me devuelves
deslucida la piel que enamoraba,
si en tu perfil sin ecos

reflejas prepotente esos pliegues remotos
y ese frunce traidor de las arrugas,
si se corre el carmín
y el corazón se parte en el espejo,
si alargas la distancia
en que anida mi ser complementario,
se acabará la tregua.
Haré trizas tu imagen
de fingida pureza,
estrellaré mi odio en tu cuadrado
y tus trozos, fulgentes de soberbia,
morirán por el suelo
ahogando su linaje de estático poder,
penando en el olvido.

Y aunque por ello vague en la nostalgia,
persistiré en la lucha
con el único fin de detener,
si puedo,
la insolencia del tiempo.

EL BESO CON QUE SUEÑO

Voy soñando tu cuerpo,
lo perfilo despacio en mis retinas
para hacerlo real.

Con frenesí lo evoco
y, mientras lo contemplo,
voy pintando las líneas de tu talle.

Te intuyo,
ya soy capaz de verte,
te surco con mi tacto tembloroso
y surge el resplandor de tu belleza.
Y aunque sólo te sueño me ilusiono,
te miro y me estremezco.

Destaco la incidencia de tus labios
porque quiero besarlos.
¡Ay, qué caro un beso de tu boca!

Ya conozco el sabor
de esa carne que quema,
mas sé que tú decides
y que yo iré al cadalso aunque me abrase
al probar esos besos de miel tuyos,
esos besos que en hiel
se tornan en mis labios.

Es notorio que quiero
un beso de tu boca,
y aunque llegue a quemarme,
desesperadamente lo deseo.

Cuando emerge tu cuerpo dibujado
ya tiemblo en la emoción
de la suave textura de tus labios.

Y ahora que poseo
el placer de ese beso que me diste,
lo conservo lacrado con los otros,
en el tibio rincón
donde guardo las cosas imposibles.

VOLVER JUNTO A LAS FLORES

Volver junto a las flores de aquel patio,
edén de la ternura,
rosario de deseos que se agitan
en el frágil ovillo
del hilo que se extingue en la memoria.

Retornar a los pétalos
que recitaban versos de colores
sobre el muro cansado.

Soñar que cada vuelco de la brisa
es un canto al recuerdo,
una canción dormida en la fragancia
de mi jardín amado.

Rememorar la infancia con cuadernos
donde esbozo las formas
de los tallos, con trazos decididos
y margaritas gualdas.

Percibir las caricias
de un jazmín esculpido
en mis pulcras retinas.

Contemplarme en los besos encarnados
que mandan los geranios
abriéndose a mis ojos.

Verte a ti, infinita,
bilocada entre el cielo y las gardenias,
sentir por un instante
la quimera de verme en tu sonrisa
prodigando tu luz,
rociando mi alma tras los lirios.

¡Oh, Dios, qué de recuerdos!
Cuánto daría yo por acercarme
a las flores de antaño,
a recitar sus versos de colores
sobre el muro cansado;
cuánto daría yo por revivir
el sueño de las tardes,
las nanas que arrullaban nuestro oasis,
para oírte de nuevo,
para gozar unidos de aquel tiempo
de firmes alianzas
entre el suave perfume de tu cuerpo
y el triunfo de mi dicha.

PRELUDIO DE SEPTIEMBRE

La brisa de un agosto abrasador
preludia la nostalgia de mi otoño,
lo delatan fragancias de sarmientos
nutriendo, tristes, las cepas vencidas.

El calor cubre mi torso desnudo
que odia, sudoroso, los días largos,
y busca el sentimiento la frescura
en los nobles rincones del olvido.

¿Daré besos al vino? No lo sé.
¿Cegarán mis deseos sus efluvios?
Bendito enigma. Traerá septiembre

la duda incesante, como hace siempre,
y el reloj sellará de incertidumbres
el momento en que firme su inventario.

FIN DE ETAPA

He comprendido
que el suelo entrecruzado de las calles
no guardará mis huellas,
ni alterarán su ritmo
los cabales latidos de las horas.

Mis pasos eran firmes,
el viraje obligado en las esquinas
rellenaba de números y letras
la estela de los días,
y oía en la mañana
la coral disonante de las voces
de los niños formados en la fila.

Lentamente, mis pies extenuados
necesitan vadear el camino
de los años primeros,
mirarme en la aureola de los libros,
posar mi corazón
en su noble doctrina,
conservar la armonía de las aulas
y razonar en ellas
mi último mensaje.

En mi memoria,
los ecos de la escuela
remueven la hojarasca

de mi primer otoño,
el camino cubierto
que ha de volver a abrirse.

Ahora comprendo
que en el patio me he vuelto solitario
y en el largo pasillo
me miran los extraños.

Sólo quedan
las treinta mesas verdes,
las puertas entornadas
y las clases desiertas,
el vaho en los cristales
y algunos brotes de melancolía.

Han sido tantos años…

Los inviernos pasaron
el uno tras el otro,
y el reloj inclemente señalaba
la senda de las horas incansables.

Ya no estaré como cada mañana
acudiendo a la cita
del oficio más noble,
ni posaré en la silla
a ofrecer mi humilde ministerio
a esos cientos de ojos
que tanto necesitan.

Luego,
con el paso cansado de los años,
echaré en la almohada
mi oración, mi nostalgia, mi conciencia,
y pondré la mirada
a ojear el pasado,
a ver mi soledad definitiva.

La puerta se ha cerrado
tras el último párvulo.

Hoy, por fin, he sabido
que el suelo entrecruzado de las calles
no guardará mis huellas,
ni será detenido
el pulso incorruptible de las horas.

DA CAPO A FINE

Andaba siempre el hombre
sumido en la armonía,
persiguiendo el oficio de ordenar
la altura de las notas
y absorto en la batuta
que dictan los senderos inflexibles
de un recto pentagrama.

Era un noble defensor del compás
y del patrón preciso que coordina
el ritmo en los atriles.

Nunca vieron sus ojos
más que un solo camino,
una firme estación en cada hornada,
la voz repetitiva
que entraba decidida en los sentidos
a golpes de razón.

Empezaba aquel hombre cada otoño
su nueva partitura
poniendo dignidad en cada nota
y dando a cada una su valor.

Se asomaba, optimista, a la ventana
y echaba melodías

más allá del jardín,
más allá de los páramos
que alcanzaban los ecos de las aulas.

Con rigor infinito
las notas se perdían a lo lejos
y los limpios sonidos
buscaban ver el mar.

Si es que fuera posible,
querría traspasar ese punto escondido
en que un humilde coro
descubre la frecuencia
de sus voces cambiadas,
el renglón de lo ahora inaccesible.

Y siguió defendiendo la nobleza
de sus firmes principios
y la pauta precisa
del ritmo en su batuta.

Inmerso en sus razones
le llegará otro estío
sin fieros avatares,
sencillamente plácido.

Y de nuevo el maestro
estrenará otra etapa,
otra hornada de notas

vendrá para el otoño
e iniciará una nueva partitura
constante, sereno, da capo a fine.

AQUÍ ESTOY DE MENTOR

(A los maestros que todavía creen)

Aquí estoy de mentor de mis firmes razones.
Sobre el pupitre, el peso de mi alba pericia.
Bajo las luces tristes, los lápices ajados
de salivas antiguas sobre astillas roídas.

En el rumor del aula, vestigios de un fracaso,
el prolongado sueño rendido a la alborada,
y los libros dormidos, flotando a la deriva,
diluyen la doctrina. Y el soñar se evapora
en los cándidos sueños de los niños ausentes.

Aquí estoy de mentor alentando mi método.
Un estruendo infantil se apaga en las ventanas
con el son de la lluvia y el orden necesario.
Mas no me oyen los sordos que odian el esfuerzo,
albor de la nobleza, cimiento de lo humano;
ni tampoco me escuchan los consejeros ebrios
que ignoran el juicio. Y los niños reposan
del placer indolente de olvidar la instrucción.

Pero mi voz se eleva en un último intento
y mis ojos demandan la fiel sabiduría.
Mi palabra se hunde en los sueños podridos
y la ciencia se ahoga, y el saber se marchita.

Yo me siento, consciente, a esperar lo imposible,
la estéril lucidez, el derrochado tiempo
de mi adorado oficio, la lucha por lo hermoso,
el sentido que tiene haber nacido humano.

* Premiado en el I Certamen Literario de Las Gabias (Granada), 2017

TERCERA EDAD

Hay dos hojas marchitas en un banco del parque
compartiendo la savia de tantas primaveras.
Suspiran por la honra de otro tierno resuello,
por un último gesto de amor desesperado.

La estricta brisa mece la vejez en el banco:
los celos extenuados, los abultados párpados,
los flácidos miembros, las manos temblorosas,
el intento de un beso gastado de nostalgia.

Se hace viento la brisa y las hojas se agitan,
y se elevan las hojas fundidas en el aire
levitando los restos de un amor agotado.

Lentamente ya bajan cogidos de la mano,
abandonando el parque con incierta esperanza,
con la mirada puesta en la luz de otro otoño.

TÚ HAS DE VENIR UN DÍA

Tú has de venir un día
a decirme las cosas que me importan.

Tengo ya los latidos necesarios
para entrar en la muerte.
El corazón pausado,
exhausto, con la sangre adormecida,
es bastión que ambiciona su descanso,
fortín almenado donde reposa
la delicada luz de mi nostalgia.

No merezco un infierno ni una hoguera
para purgar pecados,
casi todos veniales
sucumbieron tranquilos
a la lumbre de una vela de invierno,
los otros que quedaron, los mortales,
me los guardo en el alma:
podrían provocar un gran incendio
si ardiera la torcida.

Ya no existe el futuro,
ni el firme ni el incierto, sino el justo
para alcanzar el cielo.

Mi corazón aguarda,
con ansia indescriptible,
a escuchar en secreto tus palabras.
Tendré que confesarte
los versos que quedaron retenidos
en mi piel, en mis ojos y en mi alma.

¡Cuántas cosas hermosas
retengo en mi memoria
esperando tu dicha!
No cierres tus oídos a mi drama,
ni a mis rezos profundos.

Tú has de venir un día
a impulsar con tus besos mis latidos.

EVOCACIÓN

Por un bendito instante se ha quedado mi infancia
en el viejo peldaño, el sobrio pedestal
de un niño revolcado en sus breves pantalones
rememorando juegos y besos cariñosos.

El peldaño es venero de añejas emociones,
surtidor de añoranzas, filón de los recuerdos,
la urna de mis sueños, la raída viñeta,
la fuente donde beben mis razones ocultas.

Si soplara un tornado en mi pulcra memoria,
si un vendaval limpiara los retratos remotos
y una brisa rozara mis sueños escondidos,

el niño contaría historias de inocencia,
de lluvia, de pupitres, de retazos de cuentos,
de estampas hogareñas, de trozos de ternura...

PASEO AL ATARDECER

(A mis padres)

Declinaba una tarde
inflamada de nardos,
un septiembre de ensueño.

Mi cuerpo, junto al baño,
tiritaba desnudo,
las caracolas malvas
confiscaban el cuarto
con su aroma encantado.

En el leve temblar
de mis cárdenos labios
acudiste hasta mí
con la suave toalla.

Al lado del jardín
recuerdo tu sonrisa,
madre mía del alma,
y tus pasitos cortos,
y el roce de tus manos
envolviendo mi piel
con su tierna textura.

De repente se oyeron
en el piso de arriba
sus sólidas pisadas,
mis ojos se agrandaron
colmados de entusiasmo.
Escuchamos su voz,
lo buscó mi mirada
con pupilas de asombro
y la sonrisa grande.

Porque llegó el baluarte
de tu sueño y el mío,
la gravedad dichosa
requiriendo la urgencia
del mundo, que ahí afuera
esperaba a los tres.

Entonces te miré,
y lo mismo que yo
notaste su presencia.

Mientras me complacía
envuelto en la toalla
cruzamos las sonrisas
y los dos lo sentimos:
su presencia impecable,
el pelo engominado
y los brazos fornidos.
Ya llegó tu relevo

a ocuparse de mí.
«Déjame que yo siga
y subes a ponerte
las perlas, y el collar
y flores en el pelo,
y el perfume a lavanda
que tanto me seduce»,
te susurró al oído.

Desde mi corto alcance
no entendí qué quería,
pero te dijo cosas
que sé que te gustaron.

Luego cogió mi cuerpo
y lo subió hasta el cielo,
y me secó la piel
mientras cantó una nana
que me supo a brioche.

Mi padre era feliz.
Me besó en la mejilla
y empezó a acicalarme:
guayabera tostada
luciendo en aquel marco
que preside el salón,
calcetines calados,
un pantalón de niño
a ras de la rodilla

y el peine doblegando
mis cabellos mojados
con agua de colonia.

«Ya estamos terminados,
solo queda el retoque
final de pajarita»,
te declaró resuelto
a ti madre que arriba
soñabas tu deleite.

Y me llevó en sus brazos
a unirnos a tu porte
de inefable belleza.
Y quedaron abajo
el baño y la toalla
y un aroma embriagante
de intensas caracolas
y loción *aftershave*.

Nada puede romper
la calma que me evocan
las tardes de septiembre.

De paseo los tres
a la calle nos fuimos
y los pasos tranquilos
nos llevaron flotando
por firme itinerario

al sitio impenetrable
del auténtico amor.

Yo era el rey del camino
aferrado a sus manos,
por encima de mí
la pródiga ternura,
la firmeza, el refugio.

Y aunque estaba debajo
de su espacio insondable,
rozando la quimera
mi paz se hizo latente.
Y me crecí al oír
el son de un tierno beso.

DESPERTARÉ MIS RECUERDOS

Despertaré un instante mis recuerdos
para mirar contigo aquellas sombras,
las del primer desgarro,
para verte los ojos
y las manos ocultas
en los viejos bolsillos.

Despertaré un instante mis recuerdos
para borrar el incierto camino
que pintamos los dos con nuestras lágrimas,
dos sendas tortuosas,
dos corazones tercos e inflexibles
rotos por una pauta sin sentido.

Nos distanciaba un tiempo ya rebelde,
furtivo del cariño,
que ocultaba sus presas tras la puerta,
para luego, con sarna, devorarlas
a tristes dentelladas solitarias.

Despertaré de nuevo mis recuerdos,
para sentir tus besos
tupidos de niñez en mis mejillas
y volver al calor
de tus brazos colgados en mi cuello.

Sí,
despertaré de nuevo mis recuerdos
y me iré para ti
con el cofre que guarda
los vientos contenidos,
la rabia desmedida,
la tempestad inútil
que nos dejó desnudos frente al tiempo.

Luego,
cuando el cofre se abra,
sentiremos el aire como un manto
de equilibrio y concordia,
y nuestros corazones seguirán
latiendo sus errores,
recorriendo el camino
por idéntica hebra,
mas con rumbos distintos,
convalecientes de una herida estéril,
sosegando los años
de absurda discordancia.

Mi sueño es un deseo
que perfilo en las noches.

Por eso,
si es posible el acuerdo,
quiero cerrar contigo
el cofre de los vientos irascibles.

Quiero olvidar, sereno,
los monstruos que usurparon mi memoria
y dormirme en la dicha
de que nunca, jamás,
podremos confundir nuestros senderos.

INSOMNIO

Mis párpados se cierran. Una cortina gris
somete mis pupilas a la noche fingida,
pareciera que el duende del caos y el desorden,
cual esclavo del pánico, moviera caprichoso
las neuronas cansadas para cubrir de brumas
mi descanso obligado.

El reloj da la una,
un sonido indolente, la melodía rota
del tiempo confundido, el oscuro compás
que rompe la armonía de la pura conciencia,
el miedo imaginario que lentamente ocupa
los misterios del alma.

El reloj da las dos,
un aullido flamante, la consigna feroz
del visionario infame machacando mis tímpanos,
traspasando las capas de mi férrea almohada.

El reloj da las tres,
un golpeteo indigno, un noble corazón
que late temeroso bajo las mantas frías
y cubre mis pesares, cual jirones de niebla
que acechan en la noche.

El reloj da las cuatro,
se instalan en mi mente las cuitas de la estirpe,
los temores del hijo que modela mis días
con su roce amoroso de besos y palabras;
un lejano dolor, cada vez más difuso,
mantiene la esperanza del pródigo adjetivo.

El reloj da las cinco,
deseo del retorno, los párpados se abren
para ver la mañana, pero es tarea inútil,
persisten las tinieblas y la firme negrura
más allá de las rejas; a través de las ondas
de la radio aliada hay dedos como garfios
con que hurga el visionario mis quebrados oídos.

El reloj da las seis,
un vuelco al corazón, el ritmo trastocado,
cien compases con síncopas, la náusea repentina
y el vómito imprevisto. Después, la tregua corta,
serenidad tendida digiriendo la idea
de que el cuerpo se agota irremisiblemente.

El reloj da las siete,
la máquina no aguanta su grito retenido,
el alarido indigno que recuerda, indecente,
la norma cotidiana, ya voy, ya voy, me digo.
Pero hoy he notado que es más fuerte el dolor,
más larga la memoria. La oscuridad mantiene
su pulso a la mañana, maldita luz que tarda

tras los cristales fríos. Camino torpemente
con la urgencia en el cuerpo, el reloj no perdona,
mis piernas al arrastre, mi espalda corcovada,
quizás no llegue a tiempo para ver mis ojeras
en el espejo cruel; mas, de repente, caigo
en un bucle imprevisto, a la ventana llaman
los vestigios del alba, vuelvo sobre mis pasos
y me tiendo a esperar el sueño necesario.
Con su hambre de muerte, en la radio abatida
el visionario grita su afilada consigna.

El reloj da las ocho,
aún me quedan fuerzas para agitar el puño
y hacer que ese artilugio esparza por el suelo
sus piezas indecentes. Un sueño placentero
va invadiendo mi cuerpo. A lo lejos se oye
un quejido de hierro, la fría cerradura
que parece chirriar. Mi cuerpo desplomado
sobre la cama fría no admite más vigilias
y mi hálito exhausto se pierde en el abismo.

¿Qué más da quien traspase la puerta que se abre
si a nadie espera ya mi alma derrotada?

FALSA ILUSIÓN

Ignoro qué podría pedirle yo a este sueño.
¿Quizás que me dejara, al menos, retenerte
un minuto inmortal?, ¿poder regocijarme
en la quietud postrera de tu rostro sereno?

Si así es, no me importa morir en el intento,
pues morir es vivir. Oníricas batallas
mantengo por tenerte y tan solo desdeño
de tu muerte lejana aquel latido injusto.

Mi recuerdo es tu luz prendida en la ventana;
mis ojos, dos candiles que iluminan los tuyos
y que irradian tu halo; mas, mientras tú me miras,

despierto en tu sonrisa que se va diluyendo,
y mis brazos se alargan en su afán por tenerte,
y cuando el sueño muere me llega el desaliento.

ALEGATO EN PRO DE LA POESÍA

Me reveló un poeta que está hundido en el pozo
de la palabra estéril. Me confesó, abatido,
que desprecia el vacío de quien no escribe al margen
de una hoja y tiembla bajo el frío glacial
de los mensajes vacuos.

Y me reveló triste que sus versos volaron
y huyeron de los golpes de los falsos discursos
y las palabras muertas.

Luego siguió contando, dolido y consternado,
que le ha puesto grilletes a los vocablos huecos,
a la frívola rima prisionera en la cárcel
de una emoción helada.

Con ojos anegados me confesó también
que las palabras mudas de un poema cautivo
resbalaron calladas entre los eslabones
y los recios barrotes del acero tenaz
de la adusta gramática.

Y no cesó el poeta de contarme sus cuitas
pensando en la esperanza. Y me siguió diciendo
que ha curado sus llagas con vinagre de estrofas,
con fermentos de versos que ahogaron sus miserias,
y que salió a los valles a pedir el sufragio
de la noble poesía que florece en su alma.

65

Esta noche tranquila, bajo la luna llena,
agradezco al rapsoda su apostolado fiel.
Y después de un café y un brindis a las letras,
le dedico a mi amigo, poeta atribulado,
con los deseos nobles que crecen en la esencia
de un corazón honesto, estos versos sinceros.

UNA ROSA

Mi amada y noble rosa,
estampa turbadora
en los ingenuos ojos
de un iluso. Acoges
mi alma cuando afloran
tus brotes y trastornas
la luz; la desafías
sin hierros, sin heridas,
sin ningún movimiento.

Te hace fuerte la brisa
que quebranta tu paz,
y con ira de ángeles
y admirable doctrina
esparces la fragancia
confiscada en tu cuerpo.

¡Cuánto me reconforta
tu calma, tu silencio,
tu verbo sin palabras!

Tu dignidad, que es manto
de los enamorados,
impide que mi anhelo
se endiose con tu tallo.
Mis ojos te contemplan

en tu paz seductora,
pero no son capaces
de ver nada, se anulan
en tu honesto carisma.

Apagas el espacio
y empastas mis retinas
solo con el fulgor
de tus áureos pétalos.

Luego,
mis manos se te acercan
mientras sueño con algo
inaccesible al tiempo.

Lo efímero y lo eterno
se reencuentran en ti,
pero mi asombro al verte
me durará la vida.

Mi amada y noble rosa,
no existe nadie más
en el bello jardín.
Tu soledad no es nada
junto al firme vacío
que me abruma. Me acerco
temerario y luego
me arrepiento. Tu aura,
de color y pureza desmedidos,

me advierte de tu celo.
He debido alejarme
y no rozar tu cuerpo.

¡Oh, terrible infortunio!
Rasgaste tu coraza
y mis dedos temblaron.
Las punzantes trincheras
que con ardor te guardan,
castigaron mi arrojo;
y unas gotas de sangre
brotaron de mis yemas
hasta empapar las tuyas
y dejarte un estigma
de sueños y esperanzas.

Después solo me queda
morir desazonado,
sin aspirar a nada,
con un destino eterno
en tus pétalos regios.

SOBREVIVIR A LA MUERTE

¿Acaso vivir más es morir menos?
No deseo el final,
pero la vida a trozos
es una muerte a medias,
una dura pervivencia a jirones.
Mi condición de humano se resiste
a morir cada instante,
a no vivir buscando el paraíso.

Cada hora que mato en el camino,
cada sueño que pierdo en la pereza
es un falso pedazo de la vida,
un derroche de muerte.

Yo anhelo una existencia de hombre íntegro,
sin querer desviar
mi ruta del camino;
no quiero traicionar
el fin para el que vine,
ni tampoco deseo
que la muerte me alcance
previamente a mi hora;
rehúso a vivir muerto
observando el transcurso
de cientos de retazos de mi vida.
Mi condición humana se ha obstinado

en vivir cada instante
porque aspiro a resurgir de las cenizas.

Y en principio lo hago con palabras
que me salen del alma,
en la lucha indulgente
de poemas por la inmortalidad,
para huir de la muerte,
para quedarme vivo en el cariño
de todos los que amo,
para que eternamente me recuerden
los que aceptaron enlazar sus dedos
con los míos, para andar el camino,
el único sendero que conozco.

Escribo este poema
para huir de la muerte que acontece
previamente a la muerte.

Quiero apuntar con tinta duradera
detalles que me insuflan la esperanza,
como estos versos míos,
como la fiel memoria
de aquel cazador y su baronesa,
que saben que aunque la muerte descanse
a pies de las colinas,
los leones rugirán cada tarde
para resucitar las almas tristes
de todos los que incitan a la vida.

A MI PADRE

Acaso te recuerdo como un hombre callado
cruzando la puerta, envuelto en un silencio
colmado de ternura, con los ojos vencidos
de largas madrugadas rezumando el combate

de tu fiel patacabra. Armado hasta los dientes
de un amor infinito, clavaste en mi mejilla
tu barba de ayer tarde, la corbata ceñida
al cuello que abrazaban mis brazos de juguete,

mi sueño derrotado en tu hombro y tu fragancia.
¿Qué sabré de tu amor si no recuerdo nada?
¿Qué sabrás de mi amor si nada yo te escribo?

Pero afloró, por fin, la herencia de tu sangre,
y cuando icé hacia ti mis ojos de aquel tiempo
tu sonrisa, sin duda, me orientó en el camino.

RESIGNACIÓN

Se presentó de golpe,
descarado y siniestro,
con su instinto asesino tras la sombra,
sin anunciar heridas de otro tiempo.

Yo soñaba caminos del mañana
con senderos de nardos; el deseo
imperioso de oír tu corazón
palpitante en el fondo de mi pecho.

Con fruición invocaba mi pasado,
el íntimo fluir de los misterios
en el valle sereno de la vida;
el gozo imaginario de un encuentro.

Algo sonó. Di luz. La madrugada
dibujaba fantasmas en el techo
y los firmes caminos sucumbieron
al augurio infeliz de aquel momento.

Busqué, desesperado, una esperanza
en aquella patraña del silencio;
endulzar el dolor de las espinas,
diluirme en el brillo de tu pelo.

Pretendía calor entre tus brazos
y en tus ojos buscaba mi consuelo.
Nada sentí. Me traicionó de golpe,
descarado y siniestro.

ESTARÉ PREPARADO

Me llegará la hora
del silencio absoluto
a mi sillón brocado.

Cubrirá la penumbra
suavemente mi cuerpo,
como lluvia de humo.

Ya no abriré los ojos,
porque el aire es granito
que habrá sellado firme
la guía de mis párpados.

Rodearán mi aura
los restos de tibieza
del último estertor.

Y un repóquer de almas
se apretarán las manos
para alargar el ciclo
que acaba de romperse.

Ella me besará
con sus labios de ahora,
mientras rozan sus dedos
semillas y misterios.

En mi fiel escritorio
descansará mi pluma,
amiga fedataria
de mis cuitas eternas.

Escucharán los míos
el reloj implacable,
sus golpes tensos, duros.

Cual sobrios centinelas,
protegerán el lienzo
que cubrirá mi ausencia,
mientras ella dormita
con mi libro prendido en su regazo.

Se cerrará la puerta tras de mí,
maltrataré los hombros de mis hijos
y haré un camino largo
hacia un lugar incierto y previsible,
donde los pasos pisen
sobre mis viejas calles.

Y en mi retorno, ausente,
la noche tendrá luces;
y mis versos perdidos
reavivarán la sangre
de aquellos que vendrán
y serán los que juzguen
mi alma de poeta.

Una zanja profunda
destilará mi cuerpo,
y me unirá a la tierra,
al ignorado espacio
donde habita el arcano
que ha de encarnar mi alma de jilguero.

Tres rosas amarillas
prenderán mis latidos,
y su amable fragancia
hará que me abandone la amargura.

MIEDO

Han llamado a la puerta:
la luz en la mirilla
se ha velado inquietante
y mi pupila, enorme,
se duele del glaciar
que espera en el rellano.

¿Quién será el que me busca?
¿Qué querrá lo que sea
que habita en la escalera?

Mi corazón se nubla
y mi espalda se vuelve
para blindar el miedo,
mis párpados se aprietan
y mis ojos ignoran
el espejo de enfrente,
porque temen que en él
se quede reflejado,
con indeleble y trágico sentido,
lo que asusta a mi mente,
lo que espera, encubierto,
allá en los escalones.

De nuevo suena el timbre
con visos de impaciencia

y pongo mi pupila
en el aro translúcido.
La luz en la escalera se ha encendido
y alcanzo a ver la estela de la huida,
del destino invisible.
He sido más veloz
que su hábil miseria
y me imagino ahora
lo que no se ha de ver,
lo que siempre está oculto.

Por un instante pienso hacerle frente,
abrir de par en par
y mirarlo a la cara,
pero mejor me quedo
esperando su próxima llamada
y así tendré mis armas
forjadas y bruñidas,
porque quiero velarlas
mientras juntas refuerzan
mis ansias de vencerlo
en tan dura batalla.

A MI MADRE

En mi silencio escucho cómo sigues oculta
la senda del arroyo. El agua cristalina
y el rumor en las rocas murmuran tus palabras
como bálsamo dulce, cual pócima del tiempo

que otrora me curara las heridas profundas
que dejaron tu ausencia. Te lloro madre mía,
aunque ahora resista; mi corazón añora
tu firme confianza, tu latir generoso.

El plácido fluido que las piedras obstruyen
no se estanca. Confiésame: ¿acaso te bifurcas
para hacer más sublime el placer del encuentro?

Si es así, no me olvides; mantente en el regato,
que yo te buscaré por arroyos livianos,
por el curso tranquilo de un agónico mayo.

FRUTA DE VERANO

Cae la luz.

Mi butaca de mimbre
reposa desolada
mientras la tuya mece
tus sueños en el porche.

Agitas apacible el abanico
y en el lago, tus ojos
parecen esperar,
ansiosos, mi retorno.

¿Recuerdas, amor mío,
cuando juntos besábamos poniente
y en tiempo de cerezas
estallábamos pulpas con los labios
sin perder una gota de su jugo?

Nos gustaba soñar con su textura
y hacer racimos.

¿Te acuerdas cuando mis manos colgaban
zarcillos de tus lóbulos?

¿Y qué me dices
del copioso granate en los canastos?

En fin, todo era hermoso.

Pero al cabo del tiempo
los huesos se marcaban
sobre la mustia piel,
fermentaban las pulpas
su jugo ennegrecido
y el aroma de antes
destilaba su roja lozanía,
como el amor destila
por los ojos cansados
la luz de los amantes.

Mas no te martirices, amor mío,
que yo tendré la culpa
de la herida que quede en el recuerdo,
porque nunca te dije,
para no romper el mágico embrujo,
que mi vida era fruta de verano.

CANCIÓN PARA LA NOSTALGIA

Ardientes, fascinantes los recuerdos,
los velados apuntes
que guarda mi memoria
bajo la luz incierta
de la eterna nostalgia.

El chorrear de las velas gastadas,
ese volver al tiempo,
—cada vez más presente—,
de la añoranza frágil,
con la firme quietud
y el aplomo implacable
del paso de los años.

He descubierto el velo
del ciclo de diez años
hasta el beso primero
que nos dimos, cuando empezó la duda
del cambio hacia el futuro,
la línea sin destino,
el comienzo de aquello
que se escapaba, etéreo,
la tímida emoción
de mi placer inédito,
de aquel descubrimiento
que vino con el tacto
de las manos inquietas,

habilitadas siempre
a descubrir la esencia
de los primeros vicios.

Hoy,
mágicamente intenso mi destino,
lo que ahora es aplomo
y antaño era vigilia,
lo que en tiempos fue un sueño,
es ahora un recuerdo,
la incómoda añoranza
de no sentir el fuego,
ni siquiera el rescoldo
de aquel temblor fugaz,
de la primera vez
que mis manos inquietas
pasaron el umbral
del tacto solitario
para rayar tu piel
con mis dedos serenos.

He venido
a recordarte el verso
de aquel escalofrío,
renovar cada letra
que me lleve al principio,
por si tu cuerpo acepta,
cargado de añoranza como el mío,
mi vehemente deseo.

Porque sabes del parque
donde te espero siempre
removiendo las hojas con los pies,
por si te llega el eco y me sorprendo
de verte aparecer a media tarde.

Pero advierto que tú no vendrás nunca.
Utilizas el aire
para agitar la hojas,
y en el batir escucho
las viejas letanías del rechazo,
la respuesta firme de tu piel,
que parece ignorar
la sabia facultad
que intuye de mis manos.

VUELTA A CASA

Otra vez regresaste aquella tarde
cuando estaba sentado bajo el fresno
escribiendo poemas de tu ausencia.

Me sorprendió de pronto tu mirada,
no esperaba tus párpados sumisos
ni tu faz de cristal y pesadumbre.

Fueron tantos los años que pasamos
germinando los sueños con semillas
de fértil compromiso,
que me quedé turbado por tu llanto
y tu desesperanza,
por tu presencia taciturna y débil,
la estampa contrapuesta
al rencor contumaz de tu sonrisa
el día que te fuiste.

«Quédate tus palabras
y tus odas de versos impostados»,
dijiste desairada.
«Yo me marcho al palacio de los besos
ausentes de poesía,
a otras manos colmadas de caricias».

«Hay amor más allá de las palabras»,
me dijiste encendida.
«Otras clases de amor;
hay amor en la carne y los deseos.
Sí, porque a veces pienso
que el amor de tu pluma
es como aire, no es nada».

Todo eso dijiste, demudada,
perdiéndote en tu aura
de insólito rigor.

Pero ya estás aquí.
Afortunadamente vuelves,
—aunque yerma de amor—,
a escuchar mis poemas
bajo las buganvillas,
a revivir el madrigal dichoso
que te sellaba un beso en cada estrofa,
a sentir los sonetos pintando
tu hermosa desnudez en cada rima.

No dejo de mirarte,
para ver de qué forma
podríamos volver a darnos vida.
Y entonces he pensado:
«Le acercaré una copa
del vino que bebemos
cada vez que se va y luego retorna
distinta a nuestra casa».

DEL BESO IMPRESCINDIBLE

Pasó otra noche más mi mente confundida
musitando añoranzas, esparciendo recuerdos
de un presente remoto. Un día más se fue,
rellenando el vacío de tu amor intangible.

Sucumbí extenuado. Te soñé en mi regazo
con la piel suplicando caricias de algodón,
con mis dedos maduros surcando tus cabellos
ahora postergados a una ausencia inmortal.

Oh, germen en que anidan las gotas de mi sangre
y el surtidor demente del canal de mis sueños,
¿dónde escondes el trozo de mi amor olvidado?

Solo la noche sabe, con sus nubes de paso,
de ese lugar sublime, del gozo esperanzado
de un abrazo en el aire, del beso imprescindible.

DEBÍ TRAGARME EL VERBO

Debí tragarme el verbo aquella noche,
mantener distraídas las palabras
y mascar la virtud de mis pesares.

Debí haber aguantado en lontananza,
poner el firmamento entre nosotros
y seguir conviviendo con la duda.

De ser de esa manera,
no me hubiera cercado el derrotero
de aquel rumbo forzoso, innecesario.

No obstante, raudo, enmascaré el veneno
y me tragué la hiel, y las secuelas;
diluí mi suplicio entre las venas
y camuflé el resquemor en la sangre.

No tuve más remedio
que ocultar la clemencia de mis cuitas
para no lacerar aún más la llaga,
pero el baldón medró frente a mis ojos.

Lo intenté taponar con madreselva,
mas la savia no curaba la afrenta
de aquella voz tan dura, tan nociva.

Debí tragarme el verbo aquella noche,
convertir las palabras en caricias
y bajarme los ojos hasta el suelo.

Es por eso que ahora,
porque el tiempo ha cubierto las desdichas,
quiero pensar que es el dolor venganza
o sendero secreto y encubierto
que conduce hasta Dios, inexorable;
quiero creer que la pena es sendero
con la guía tenaz y el dedo al norte
marcándome un destino venturoso.

Luego pienso que el mal no es sempiterno.
Y aun siendo así la dicha,
debí tragarme el verbo aquella noche.

MEDIOCRIDAD

En cada paso al frente
me paro a distinguir
la huella estéril, ruda y perdurable,
de la sandalia que hiere mis pies;
una marca de sueños descuidados,
borrados en el tiempo,
que se niegan a andar
el único camino.

Sin ni siquiera un ínfimo deseo,
la rutina se expande como un manto
de arañas venenosas
sobre mi alma dormida;
el indolente descanso pretende
convertirme en un simple
contador de las horas.

Y cuando llegue el día
de negociar mi marcha
surgiré del estiércol,
de una vida sin duelos ni dolores;
y estaré donde more
el más triste epitafio:
"Aquí yace en su pena
el hombre más vulgar del universo".
Admiro de los genios

que aparquen a intervalos su coraje,
que paren un minuto a degustar
el néctar de la cruel monotonía,
ese gesto que anula al ser humano.

Pero luego retornan a la esencia
del dolor cotidiano,
no como yo lo hice,
que, ignorando el denuedo y la pasión,
me dejé encandilar por la deriva.

Luego ahogué la esperanza
de no anotar ni un verso solitario
que me pusiera junto
a un estadio soberbio, inalcanzable,
siempre mudo en el barro
en lugar de gritar sobre la cima,
desdeñando de un mundo inconcebible,
a la espera, siempre alerta y celoso
de cantarle nanas al corazón
para evitarle vuelcos necesarios.

Y ya lo he decidido:
duele más lo vulgar que lo maligno
y por eso me he lanzado al precipicio.

La trama de la vida es espinosa,
tanto más cuando quiero que agonicen
los sueños proyectados.

Porque ella es aviesa
me atacó todo el tiempo sin dolores
y he morado en su ciénaga
envuelto en un hedor de conformismo,
tranquilo, sosegado,
hasta el primer dolor irresistible
que me sacó del sueño y de la siesta.

Asumo con certeza
que no es fácil la vida,
y exhorto al que me lea
a destapar sus cofres de energía,
a descubrir, al menos,
con los ojos abiertos y en alerta,
su potencial dormido.

MIS SUEÑOS EN TU SENO

Sin rumbo y confundido
deambulé nueve meses
en tu aposento ingrávido.

El día que mi sangre
comenzó su periplo
de nubes y tormentas
no te pidió licencia.

Sin ni siquiera dar
la señal de partida,
mi fruto de morera
anidó en las espinas
de tu rosal granate,
y soportó la ira
de un torrente de ritmos
y sombras sigilosas.

De haber sido consciente
de tu odiado milagro,
hubieras encendido
la pólvora rotunda
de tu arsenal de duelo.

Y al morder el embozo
con tus dientes de rabia

yo estallaba en tu claustro
para iniciar mi ruta;
y apagaba mi vela
para no derramar
la cera de mis ojos.

No era yo, pero era.
Como un vértigo agrio,
y a la sombra maldita
de tu orgullo sin lengua,
mi inminente estructura
de corazón y huesos
fue ocupando el espacio
de tu íntima galaxia.

Luego, con la calma
que el tiempo determina,
entre los dos llegamos
a un acuerdo secreto:
yo velé tus temores
y tú tejiste, dulce,
mis sueños en tu seno.

EN TODO TE PRESIENTO

Antes de que te fueras
al espacio que todos ignoramos
siempre te presentía.

Con casi doce años,
empezando el otoño,
en el olor a pólvora del Este
y en la amarga distancia
de tus sábanas limpias,
te presentía siempre.

En el viejo internado
y en los pilotos tristes
de sus largos pasillos,
inmerso en un viaje
al centro de la tierra,
me bebía las páginas de un libro
bajo la calma lluvia;
y detrás de aquel niño
atado a las estrellas,
despegado a la fuerza
de todo lo que amaba,
te presentía siempre.

Hoy también te presiento
en los ojos cercanos de un retoño,

en la luz seductora
de las tardes de octubre
y en el tránsito alegre
de tu falda plisada y tus jazmines
—son cosas que me cuentan
los que en tu corta vida
pudieron compartirte—.

Por encima de todo lo que soy
hoy también te presiento.
Y te presiento cerca
aunque el tiempo se aleje
de aquellas confidencias
que ya no compartimos,
de las noches de espera
hilvanando los hilos
de las nobles madejas,
más nobles cuando estaban
en tus hábiles manos.

En todo te presiento:
en el olor a tierra
mojada por la lluvia
que me susurra un grato
rumor de cercanía;
y en las hojas regadas por el suelo,
ocres aún, mas ya
más cerca de tu cuerpo.

Y en tu largo silencio te presiento,
abrazado a tu piel y a tus palabras.
Y te presiento siempre
sumido en la vejez de nuestras fotos,
posando junto a ti,
en el rincón recóndito
de mis firmes recuerdos.

Hoy,
más cercano a la hoguera y la ceniza,
inmerso en el efecto
de tu sonrisa última,
seguiré presintiendo,
como el niño que espera su regalo,
que tu ausencia se acerca,
alegre como trote de gacelas,
a mi adorable y sereno presente.

EN TU JARDÍN ME PARO

(A Frédéric Chopin)

Lloro tu ausencia. Vuelca su luz la tramontana
al filo del jardín. Los rayos en la niebla
viajan lentos, en paz. Y en los perfectos ángulos
iluminan mi ensueño las antorchas de un tiempo

de música serena, de utopías legítimas.
Al ritmo de un piano se enaltecen las notas
que mecen en un aire sutil de pentagramas
unos trazos de amor: sollozos sincopados

en un viejo pasillo, en la pared senil
donde muere la tos y nacen los preludios.
El silencio que cubre tu ternura intangible

se ha pegado a mi alma, como el polvo a tu busto.
Y en tu jardín me paro, tal que alondra cansada,
para orientar mi vuelo en busca de otros rumbos.

DESORIENTADO

Mis pensamientos baten sus alas y levitan
en el aire viciado de un breve recinto;
solo existe una puerta en sus muros blindados.

Si mis ojos la evitan, está; pero si miro
sus contornos de hierro forjados en la fragua
de mi mente medrosa, se desvanece, huye,
y los muros se elevan del todo inaccesibles.

El reo, que soy yo, se acurruca indefenso
en un rincón oscuro, terriblemente negro,
sin cojines brocados, ni alfombras en el suelo,
ni sillas con respaldo, ni flores en los tiestos.

A veces aparece una luz por el Norte;
aunque el Norte, no sé, si es el Sur o es el Este.
Lo cierto es que al mirarla me levanto sereno
y alzo arriba las manos con las palmas abiertas,
con los dedos extensos y los ojos ahogados.

De pronto sopla un aire a punto de apagar
la ansiada luz del Norte. Y en su temblor siniestro,
inmerso en una duda de puntos cardinales,
alcanzo a ver el rojo del sol de la tramoya.

Y allá, en la lejanía, en el sublime instante
de un resplandor de azúcar, tropiezo con mi rol
de mero figurante. Es la escena final.

Y la luz se consume con punzada de lezna;
porque el Norte es el Sur, y el Este no amanece,
y el frío que se cuela es viento de Poniente.

DUDAS Y PLEGARIAS

¿En qué lejano punto
de tus ojos perdidos
aguantas, mi Señor,
el dolor que no cesa?

Enséñame a sacar
las brumas agitadas
de mi baúl oscuro;
y a soldar los candados
que encierran los latidos
de mi alma confundida.

Cuando todos se vayan
alza mis manos viejas,
y siente que palpita
mi sangre nazarena;
o déjame parado
oculto en el olvido,
observando mis dedos,
mirando cómo tiemblan.

Ayúdame a labrar
los surcos de mi alma
y a allanar el camino
del sueño placentero;
o niégame, Señor,

con el rostro en poniente
y los ojos vencidos
tiritando de miedo.

Dime qué debo hacer
para rasgar el velo
donde anida el espanto:
¿desgarrarlo en jirones
y escaparme entre ellos
o esperar tu enseñanza
de santa gallardía,
de insensibles quebrantos?

Si tú no me lo enseñas,
¿cómo podré dormir
en la dulce cornisa
de tus párpados púrpura?
¿Cómo vivir sereno
al lado de tus llagas,
si mi dolor no es nada,
si ni siquiera alcanza
el bullir de tu sangre
la orilla de mis poros?

www.ingramcontent.com/pod-product-compliance
Lightning Source LLC
LaVergne TN
LVHW091609170726
843492LV00007B/2310